새가족, 교회에 깃들다

새가족 교회에 깃들다

2024년 7월 8일 초판 1쇄

지은이   김태희
펴낸이   김명일
디자인   정보람

펴낸곳   깃드는 숲
주소   부산 북구 낙동대로 1738번길 10 103-1007
이메일   hoop1225@gmail.com

ISBN   979-11-984413-5-5
값   6,000원

새가족
교회에 깃들다

김태희 지음

목차

1과
하나님은 누구신가요?

모든 종교는 각기 다른 신을 믿습니다. 많은 사람이 여러 가지 이유로 종교를 가집니다. '나는 어떤 신을 믿는가?'라는 문제는 교회에 새롭게 오신 분들, 또는 신앙을 다시 점검하고 싶은 분들에게 중요한 질문입니다. 이 질문에 어떻게 답하느냐에 따라서, 나의 교회 생활, 아니 인생 전체가 달라질 것입니다. 하나님은 어떤 분이실까요? 그 하나님을 믿는 것은 어떤 의미가 있을까요?

하나님은 한 분이십니다

하나님의 말씀인 성경은 신이 단 한 분이라고 말합니다. 선지자 모세는 다음과 같이 기록했습니다. "이스라엘아 들으라 우리 하나님 여호와는 오직 유일한 여호와이시니"_{신6:4} 선지자 모세는 신이 한 분밖에 없기에, 다른 신들을 섬겨서는 안 된다고 경고했습니다.

사도 바울도 마찬가지입니다. 당시 고린도는 수많은 우상을 섬기던 도시였습니다. 바울은 그곳에 편지하면서 다음과 같이 말했습니다. "우상은 세상에 아무 것도 아니며 또한 하나님은 한 분밖에 없는 줄 아노라"_{고전8:4}.

하나님은 스스로 존재하십니다

한 분이신 하나님은 스스로 존재하십니다. 모든 피조물은 하나님이 창조하시고 돌보시기 때문에 존재하지만, 하나님은 누구의 도움 없이 스스로 존재하십니다. 하나님은 스스로 존재하시고, 스스로 만족하시며, 스스로 기뻐하십니다. "하나님이 모세에게 이르시되 나는 스스로 있는 자이니라"_{출3:14}.

하나님이 스스로 존재하실 수 있는 이유는, 하나님이 무한하시기 때문입니다. 하나님은 지혜가 무한하셔서 모든 것을 아시고, 능력이 무한하셔서 모든 것을 하시며, 존재가 무한하셔서 모든 곳에 계십니다.

하나님은 지혜가 무한하셔서 우리의 슬픔과 아픔을 아시고, 능력이 무한하셔서 우리를 슬픔과 아픔에서 건지시며, 존재가 무한하셔서 항상 우리와 함께하십니다. 그래서 성경은 다음과 같이 말합니다.

"영원하신 하나님 여호와, 땅 끝까지 창조하신 이는 피곤하지 않으시며 곤비하지 않으시며 명철이 한이 없으시며 피곤한 자에게는 능력을 주시며 무능한 자에게는 힘을 더하시나니"사40:28-29.

하나님은 영원하십니다

하나님은 영원하신 분입니다. 영원하다는 것은 시작과 끝이 없다는 뜻입니다. 모든 피조물은 시작과 끝이 있지만, 하나님은 시작도 없으시고 끝도 없으십니다. "산이 생기기 전, 땅과 세계도 주께서 조성하시기 전 곧 영원부터 영원까지 주는 하나님이시니이다"시90:2.

하나님이 영원하시기에 신자의 삶도 영원합니다. "하나님이 세상을 이처럼 사랑하사 독생자를 주셨으니 이는 그를 믿는 자마다 멸망하지 않고 영생을 얻게 하려 하심이라" 요3:16 예수님을 믿는 신자들은 하나님과 함께 영생을 누릴 것입니다.

성경이 말하는 영생은 양적으로 오래 사는 것이 아니라, 질적으로 탁월하게 사는 것입니다. 영생은 하나님이 주시는 기쁨과 즐거움을 무한히 누리는 인생입니다. 바로 이것이 예수님을 믿는 자에게 하나님이 주시는 선물입니다.

삼위일체 하나님

하나님에 관한 가장 신비로운 고백은, '삼위일체'입니다. 놀랍게도 삼위일체라는 표현은 성경에 나타나지 않습니다. 그렇지만 하나님의 신비한 존재 방식을 설명하는 데 삼위일체보다 좋은 표현은 없습니다.

삼위는 하나님의 복수성을 나타내는 표현입니다. '삼위'는 한 하나님이 성부, 성자, 성령으로 존재한다는 뜻입니다마 28:19. 그래서 성부도 하나님이시고, 성자도 하나님이시며, 성령도 하나님이십니다.

일체는 하나님의 단수성을 나타내는 표현입니다. '일체'

는 성부, 성자, 성령이 하나의 본질을 가지고 있다는 뜻입니다. 그래서 성부, 성자, 성령은 능력이 같으시며, 지위가 동등하십니다.

성부, 성자, 성령은 한 하나님입니다. 셋이지만 하나입니다. 셋이면서 하나이신 하나님은 서로를 무한히 사랑하십니다. 삼위 하나님 사이에 갈등과 다툼은 존재하지 않습니다. 교회는 삼위일체를 지향하는 공동체입니다. 교회의 모델은 삼위 하나님입니다. 그래서 교회는 서로를 사랑하기 위해 노력합니다. 삼위 하나님처럼 사랑으로 하나 되기 위해 노력합니다.

1 우리 하나님 여호와는 오직 [   ] 여호와이십니다^{신6:4}.

2 하나님은 [   ] 존재하십니다^{출3:14}.

3 하나님은 처음부터 존재하셨고, 앞으로도 [   ] 존재 하십니다^{시90:2}.

4 하나님의 삼위는 [   ], [   ], [   ] 입니다^{마28:19}.

5 삼위 하나님은 [   ] 이 같으시며, [   ] 가 동등하 십니다.

되새겨보기 정답

1. 유일한

2. 스스로

3. 영원히

4. 성부, 성자, 성령

5. 능력, 지위

하늘과 땅에는 하나님의 경이로운 지혜를 증언하는 헤아릴 수 없는 증거가 존재한다. 이 증거들은 이해하기 어려운 것이 아니며, 천문학과 의학과 물리학을 통해서만 알 수 있는 것도 아니다. (중략) 하나님의 권능은 어떠한가? 하나님의 권능이 우리로 하여금 하나님을 주목하게 하는 경우가 얼마나 많은가! 하나님은 천지의 무한한 공간을 그분의 말씀으로 유지하고, 그분의 명령에 따라 천둥으로 하늘을 떨게하며, 그분이 원하는 것을 벼락으로 불태우며, 번개로 하늘을 섬광처럼 번뜩이게 하시며, 여러 종류의 폭풍우로 세상을 공포에 떨게 하시며, 또한 땅을 순식간에 평화롭고 고요하게 되돌려 놓기도 하신다. 하나님은 동일한 권능으로 바다를 공중에 매달려 있게 하셔서, 그 엄청난 높이가 땅을 파괴하려고 위협하더라도 그렇게 하지 못하게 하시며, 바다를 강한 바람으로 무섭게 휘젓기도 하시며, 바다의 물결을 즉시 고요하게 하여 잠잠하게도 하신다. 만약 우리가 하나님의 이러한 권능에 대해 전혀 모른다면 그토록 자주 하나님의 권능에 주목하지 않을 것이다.

칼뱅의 기독교 강요 제1장. <하나님을 아는 지식> 중에서

2과
창조와 타락

하나님은 우리의 생각에만 존재하는 분이 아닙니다. 하나님
은 행동하는 분이시며, 일하시는 분입니다. 하나님의 역동성
을 잘 보여주는 것이, 하나님의 창조입니다. 하나님은 온 세
상을 창조하시고, 통치하시며, 보존하십니다. 그런데 하나님
의 가장 특별한 창조물인 인간이 하나님께 범죄하고 타락했
습니다. 바로 이것이 인간이 겪는 모든 문제의 시작입니다.
이때부터 결핍과 고통, 죽음과 심판의 문제가 우리에게 닥쳐
왔습니다.

창조

하나님은 세상을 창조하셨습니다창1:1. 하나님의 창조는 다음 특징이 있습니다. 첫째, 하나님은 보이는 것과 보이지 않는 모든 것들을 창조하셨습니다골1:16. 눈으로 볼 수 있는 것들뿐만 아니라, 눈으로 볼 수 없는 영적인 존재들도 창조하셨습니다. 둘째, 하나님은 6일 동안 창조하셨습니다출20:11. 하나님은 세상을 아무렇게나 창조한 것이 아니라, 6일 동안 세심하게 창조하셨습니다. 셋째, 하나님은 심히 좋게 창조하셨습니다창1:31. 아름답고 조화롭게, 선하고 거룩하게 창조하셨습니다.

사람의 창조

하나님은 사람을 창조하셨습니다. 사람의 창조는 다음 특징이 있습니다. 첫째, 하나님은 사람을 영혼을 가진 존재로 창조하셨습니다창2:7. 그리하여 육신의 양식뿐만 아니라, 영혼의 양식을 섭취하며 살게 하셨습니다.

둘째, 하나님은 사람을 하나님의 형상으로 창조하셨습니다창1:27. 그리하여 하나님과 교제하고, 하나님을 예배하게 하셨습니다. 셋째, 하나님은 사람을 선하게 창조하셨습니다. 하지만 사람에게는 죄를 지을 가능성이 있었습니다전7:29.

섭리

하나님은 창조 세계를 보존하시고 통치하십니다. 이것을 하나님의 섭리라고 합니다. 만물이 오랜 세월 동안 보존되어 온 것은 하나님의 섭리 때문입니다. "능력의 말씀으로 만물을 붙드시며"히1:3.

하나님의 섭리는 다음 특징이 있습니다. 첫째, 하나님의 섭리는 모든 만물을 대상으로 합니다. 하나님은 별과 행성에도 섭리하시고 시8:3, 짐승과 가축에도 섭리하십니다시50:10.

둘째, 하나님은 영적인 존재들까지 섭리하십니다. 타락한 천사들을 귀신이라고 하며, 그들의 우두머리를 사탄이라고 합니다. 성경은 사탄의 활동도 하나님의 다스림 아래 있다고 말합니다욥1:12.

셋째, 하나님은 사람의 생노병사生老病死, 즉 인간의 모든 삶에 섭리하십니다. "밭에 파종하며 포도원을 재배하여 풍성한 소출을 거두게 하시며 또 복을 주사 그들이 크게 번성하게 하시고 그의 가축이 감소하지 아니하게 하실지라도 다시 압박과 재난과 우환을 통하여 그들의 수를 줄이시며 낮추시는도다"시107:37-39.

하나님의 섭리는 두 가지로 구분할 수 있습니다. 첫째, 일반 섭리입니다. 일반 섭리는 모든 피조물에 미치는 섭리입니다. 해와 달과 별이 정해진 궤도를 도는 것은 하나님의 일반 섭리입니다^{욥38:33}. 나라와 민족의 흥망성쇠興亡盛衰는 하나님의 일반 섭리입니다^{욥12:23}. 자연의 질서 역시 하나님의 일반 섭리입니다.

둘째, 특별 섭리입니다. 특별 섭리는 하나님의 백성들에게 미치는 섭리입니다. 하나님은 모든 만물을 섭리하시지만, 하나님의 백성들에게 특별하게 섭리하십니다. 하나님의 특별 섭리는 구체적으로 다음과 같습니다.

하나님은 자기 백성들의 필요를 채워주십니다. "여호와는 나의 목자시니 내게 부족함이 없으리로다"^{시23:1}. 하나님은 자기 백성들을 선한 방향으로 인도하십니다. "그가 나를 푸른 풀밭에 누이시며 쉴 만한 물 가로 인도하시는도다"^{시23:2}. 하나님은 자기 백성들의 영혼을 구원하십니다. "내 영혼을 소생시키시고 자기 이름을 위하여 의의 길로 인도하시는도다"^{시23:3}. 하나님은 자기 백성들을 평생 인도하십니다. "내 평생에 선하심과 인자하심이 반드시 나를 따르리니 내가 여호와의 집에 영원히 살리로다"^{시23:6}.

아담의 범죄

하나님은 사람을 창조하신 후에, 사람과 특별한 언약을 맺으셨습니다. 선악과를 먹지 말아야 하며, 선악과를 먹을 때 죽음의 형벌을 받는다는 언약이었습니다.

"여호와 하나님이 그 사람에게 명하여 이르시되 동산 각종 나무의 열매는 네가 임의로 먹되 선악을 알게 하는 나무의 열매는 먹지 말라 네가 먹는 날에는 반드시 죽으리라 하시니라"_{창2:16-17}.

첫 사람 아담은 하나님과 맺은 언약을 지키지 않았습니다. 아담이 언약을 어긴 계기는 사탄의 유혹이었습니다. 사탄은 아담을 유혹했고, 아담은 그 유혹에 넘어갔습니다. 바로 이것이 인류가 지은 첫 번째 범죄입니다.

범죄의 결과

아담이 죄를 지은 결과는 '타락'입니다. 타락은 부패와 같습니다. 신선한 과일은 좋은 맛과 향을 가지고 있지만 부패하면 좋은 맛과 향을 잃어버리고, 나쁜 맛과 향을 가지게 됩니다. 아담도 마찬가지였습니다. 아담은 하나님의 형상으로 창조되었습니다. 지혜롭고 거룩하게 창조되었습니다. 그러나 죄를 짓고 타락한 이후로는 하나님의 형상을 대부분 잃

어버렸습니다. 결과적으로 아담은 부패한 본성을 가진 존재가 되었습니다.

아담의 범죄가 후손에게 미친 결과

아담이 죄를 지은 결과는, 아담 한 사람에게만 영향을 미치지 않았습니다. 아담의 부패한 본성은 후손들에게 전가되었습니다. 아담이 타락한 이후로, 아담의 후손들은 하나님의 형상이 아니라 아담의 형상으로 출생하게 되었습니다.

아담으로부터 물려받은 부패한 본성을 '원죄'라고 합니다. 모든 사람은 원죄를 가진 죄인으로 태어납니다. 죄를 지어서 죄인이 되는 것이 아니라, 죄인으로 태어났기에 죄를 짓습니다. 따라서 사람이 죄를 짓는 것은 숨을 쉬듯 자연스러운 일입니다. 세상에 온갖 악이 가득한 것은 바로 원죄 때문입니다.

죄의 결과

하나님은 죄의 결과가 죽음이라고 하셨습니다창2:17. 하지만 아담은 죄를 지은 즉시 죽지 않았습니다. 그 이유는 죽음에 세 가지 종류가 있기 때문입니다.

첫째, 영적인 죽음입니다. 이것은 하나님과 멀어지는 것을 의미합니다. 둘째, 육신의 죽음입니다. 이것은 일반적인 죽음을 의미합니다. 셋째, 영원한 죽음입니다. 이것은 지옥에서 받을 영원한 형벌을 의미합니다. 아담은 죄를 짓고 영적으로 죽었습니다. 하나님과 멀어졌습니다.

사람들이 겪는 온갖 고통은 바로 여기서 비롯된 것입니다. 사람들의 마음에 부정적인 생각이 가득한 것은 영적으로 죽었기 때문입니다. 사람들이 외로움과 두려움, 공포와 근심으로 고통을 겪는 것은 하나님과 멀어졌기 때문입니다.

죄는 이처럼 무서운 것입니다. 죄는 우리가 당하는 모든 고통의 첫 번째 원인입니다. 그래서 우리는 죄를 해결해야 합니다. 우리에게 가장 시급한 일은 죄를 해결하는 일입니다. 죄의 문제보다 더 큰 문제는 없습니다.

되새겨보기 ──────────────

1 하나님은 세상의 모든 것을 [   ] 하셨습니다 창1:1.

2 사람은 하나님의 [   ] 으로 창조되었습니다 창1:27.

3 섭리란 하나님께서 창조하신 세상을 친히 [   ] 하시고 [   ] 하시는 것입니다.

4 첫 사람 아담은 하나님과 맺은 [   ] 을 지키지 않았습니다.

5 아담이 죄를 지은 결과는 [   ] 입니다 창2:17.

되새겨보기 정답

1. 창조

2. 형상

3. 보존, 통치

4. 언약

5. 타락

우리가 깊이 생각해야 할 두 번째 요점은, 우리 본성의 타락이 우리 안에서 한가롭게 있는 것이 아니라 지속적으로 새로운 열매를 낳는다는 것이다. 이것은 불타는 용광로가 언제나 화염과 불꽃을 쏟아 내고, 샘이 물을 뿜어내는 것과도 같다. 원죄를 원초적 의의 결핍으로 규정한 사람들은 그 규정을 통해 원죄의 본질을 포착하기는 했으나, 원죄의 힘을 있는 그대로 적절히 표현하지는 못했다. 우리의 본성은 선한 것을 전혀 가지지 못한 채 텅 비어 있을 뿐만 아니라, 온갖 종류의 악을 언제나 부지런히 생산하고 있기 때문이다. 그렇기에 원죄를 "탐욕"으로 부르는 자들이 지나치게 어색한 용어를 사용한 것은 아니다. 다만 많은 사람이 동의하지 않겠지만, 곧 지성에서 의지까지, 그리고 영혼에서 육체까지 인간을 구성하는 모든 부분이 더러워진 채 바로 그런 탐욕으로 가득 차 있다는 사실을 덧붙일 필요가 있겠다. 더 간단히 말하면, 인간은 그 자체가 탐욕일 뿐이다.

칼뱅의 기독교강요 제2장. <인간을 아는 지식과 자유의지> 중에서

3과
예수님과 우리의 믿음

인간의 모든 문제는 아담의 범죄에서 출발합니다. 우리가 경험하는 모든 고통과 그 마지막인 죽음까지. 우리는 이 문제를 어떻게 해결할 수 있을까요? 성경은 그 해결책이 예수님이라고 말합니다. 하나님은 자기 아들을 보내서서 이 문제를 해결하십니다. 그렇다면 예수님은 어떻게 우리의 죄 문제를 해결하셨을까요? 그분은 참 하나님이자 참 사람으로 오셔서 우리 대신 죄에 대한 형벌을 받으셨습니다.

하나님의 아들, 예수

예수님은 하나님의 아들입니다. 예수님은 하나님의 유일한 아들이시기에, 예수님을 가리켜 '하나님의 독생자'라고 합니다. 예수님은 어떤 사건을 통해 하나님의 아들이 되신 것이 아닙니다. 하나님의 아들로 창조되신 것도 아닙니다. 예수님은 영원 전부터 성부와 함께 계셨고, 성부와 함께 세상을 창조하셨습니다. "그가 태초에 하나님과 함께 계셨고 만물이 그로 말미암아 지은 바 되었으니 지은 것이 하나도 그가 없이는 된 것이 없느니라"요1:2-3.

둘 사이에 불화가 있을 때, 중간에서 화해를 주선하는 사람을 중보자라고 합니다. 사람이 타락하기 전에는, 하나님과 사람 사이에 중보자가 필요하지 않았습니다. 하지만 죄 때문에 하나님과 사람 사이가 멀어진 후에는 반드시 중보자가 필요하게 되었습니다. 하나님은 자신의 독생자를 하나님과 사람 사이의 중보자로 세우셨습니다. "하나님과 사람 사이에 중보자도 한 분이시니 곧 사람이신 그리스도 예수라"딤전2:5.

예수님의 희생 제사

예수님은 어떻게 우리의 중보자가 되실까요? 예수님은 직접 희생 제물이 되셔서, 하나님과 우리 사이의 중보자가 되셨습니다. 구약 시대에는 사람들의 죄를 해결하기 위해 짐승을 제물로 바쳤습니다. 이것을 희생 제물이라고 하고, 희생 제물을 바치는 의식을 희생 제사라고 합니다.

짐승으로 드리는 제사에는 한계가 있습니다. 짐승은 사람보다 가치가 낮기에, 사람의 죄를 완전히 해결할 수 없습니다. 사람들의 죄를 완전하고 영원히 해결하기 위해서는 무한한 가치를 지닌 희생 제물이 필요합니다. 바로 이것이 하나님의 독생자가 이 땅에 오신 이유입니다. 예수님은 무한한 가치를 지닌 희생 제물로 이 땅에 오셨습니다. 하나님으로는 죽을 수 없기에 사람으로 이 땅에 오셨습니다. 예수님의 십자가 죽음은 우리의 죄를 해결하기 위한 희생 제사입니다.

하나님이신 예수님은 완전한 사람으로 이 땅에 오셨습니다. 그래서 사람들은 예수님을 보고 만질 수 있었습니다요일 1:1. 예수님은 완전한 사람이지만, 죄는 없으셨습니다히7:26. 만약 예수님께 죄가 있었다면, 예수님은 참 희생 제물이 되실 수 없었을 것입니다. 하나님께 드리는 희생 제물은 흠이 없어야 하기 때문입니다레22:19. 예수님은 죄가 없으시기에 우리를 위한 참 희생 제물이 되실 수 있었습니다히9:14.

예수님의 십자가

예수님은 십자가에서 죽으셨습니다. 예수님의 죽음은 우리 죄를 위한 희생 제사였습니다. 예수님의 희생 제사가 우리에게 주는 유익은 크게 세 가지입니다.

첫째, 예수님은 우리의 죄를 해결하셨습니다. 예수님의 죽음은 우리 대신 죽으신 죽음이고, 예수님이 받으신 저주는 우리 대신 받으신 저주입니다. 따라서 우리의 죄는 모두 해결되었습니다. "그리스도께서 우리를 위하여 저주를 받은 바 되사 율법의 저주에서 우리를 속량하셨으니"갈3:13.

둘째, 예수님은 하나님과 우리 사이를 화목하게 하셨습니다. 하나님과 우리를 갈라놓은 것은 우리의 죄악입니다. 이제 예수님께서 우리의 죄를 해결하셨으므로, 하나님과 우리 사이의 장벽도 사라졌습니다. "우리가 원수 되었을 때에 그의 아들의 죽으심으로 말미암아 하나님과 화목하게 되었은즉"롬5:10.

셋째, 예수님은 우리에게 영생을 주셨습니다. 사망은 죄의 형벌입니다. 이제 우리의 죄가 사라졌으므로, 우리는 사망의 저주에서 벗어났습니다. 이제 우리의 죽음은 죄의 결과가 아니라, 천국으로 가는 통로입니다.

예수님을 믿는 믿음

예수님의 십자가에는 모든 사람을 구원할 능력이 있습니다. 예수님이 이루신 구원을 받기 위해서는, 예수님을 믿어야 합니다행16:31. 예수님이 하나님의 독생자이심을 믿어야 하고, 예수님이 우리를 위해 십자가에서 죽었음을 믿어야 하며, 예수님이 죽음에서 부활하신 것을 믿어야 합니다.

예수님이 없으면 구원도 없습니다. 예수님이 없으면 영생도 없습니다. 예수님을 믿고, 예수님의 말씀에 귀를 기울이고, 예수님의 말씀대로 사는 자에게만 구원과 영생이 있습니다. 예수님을 주님으로 부르는 자에게만 구원이 있습니다.

"네가 만일 네 입으로 예수를 주로 시인하며 또 하나님께서 그를 죽은 자 가운데서 살리신 것을 네 마음에 믿으면 구원을 받으리라 사람이 마음으로 믿어 의에 이르고 입으로 시인하여 구원에 이르느니라롬 10:9-10."

회개

하나님은 예수님을 믿는 자들이 자신의 죄를 깨닫게 하십니다. 이것을 '회개'라고 합니다. 하나님께서 은혜를 베푸셔야 자신의 죄를 깨달을 수 있기에^{행11:18}, 회개 역시 하나님께서 주시는 선물입니다.

회개는 죄인이 해야 합니다. 성경은 모든 사람이 죄인이라고 말합니다^{롬3:23}. 따라서 회개는 모든 사람이 해야 합니다. 만일 자신의 죄를 인정하지 않고 고집을 부리는 사람이 있다면 비참한 결과를 맞이하게 될 것입니다. "너희도 만일 회개하지 아니하면 다 이와 같이 망하리라."^{눅13:4}

참된 회개에는 다음 요소가 있습니다. 첫째, 자신의 죄를 인정하는 것입니다. 자신이 하나님의 말씀을 어겼고, 하나님의 마음을 슬프게 했음을 인정하는 것입니다. 둘째, 하나님의 긍휼을 의지하는 것입니다. 자신이 어떤 죄를 지었더라도, 하나님께서 용서해 주실 것을 굳게 믿는 것입니다. 셋째, 하나님의 계명을 지키는 것입니다. 죄에서 돌이켜 하나님의 계명을 지키는 것이야말로 참된 회개의 증거입니다. 입으로만 회개하는 것은 참된 회개가 아닙니다.

우리가 회개하기 때문에 하나님께서 우리의 죄를 용서

해 주신다고 생각해서는 안 됩니다. 하나님께서 우리의 죄를 용서하시는 근거는 예수님께 있습니다. 우리가 받을 형벌을 예수님이 대신 받으셨기에, 하나님께서 우리의 죄를 용서하시는 것입니다. 따라서 우리는 예수님을 의지해서 회개해야 합니다. 우리에게는 용서받을 자격이 없음을 인정하고, 오직 예수님의 십자가만을 의지하여 회개해야 합니다.

———————————————————

1 예수님은 영원 전부터 하나님의 [   ] 로 존재하셨습니다 요17:5.

2 예수님은 직접 [   ] 이 되셔서, 하나님과 우리 사이의 중보자가 되셨습니다.

3 예수님은 [   ] 가 없으시기에 우리를 위한 참 희생 제물이 되실 수 있었습니다.

4 예수님이 이루신 구원을 받기 위해서는, 예수님을 [   ] 합니다 행16:31.

5 참된 회개의 첫 번째 요소는 자신의 죄를 [   ] 하는 것입니다.

6 참된 회개의 두 번째 요소는 하나님의 [   ] 을 의지하는 것입니다.

7 참된 회개의 세 번째 요소는 하나님의 [   ] 을 지키는 것입니다.

되새겨보기 정답

1. 아들

2. 희생 제물

3. 죄

4. 믿어야

5. 인정

6. 긍휼

7. 계명

십자가 처형은 인간의 견해에 따라서만 아니라 하나님의 율법의 법령에 따라서도 저주받은 죽음이다(신21:23). 그러므로 그리스도는 십자가에 못 박힘으로써 스스로를 저주에 굴복시키신다. 그렇게 되신 것은, 우리의 죄악으로 우리가 감당해야 마땅하고 또 이미 우리에게 준비된 저주가 그에게 전가됨으로써 우리를 거기서 구원하셔야 했기 때문이다. 이는 일찍이 율법이 미리 알려 준 것이다. 죄악을 위해 드려진 희생제물은 "죄"라는 용어로 불렸으며, 그로써 성령은 그 희생제물이 죄가 야기한 저주를 온전히 받게 됨을 나타내려 하셨다. 모세의 희생제물이 나타낸 상징은 그 상징의 실체이신 예수 그리스도 안에서 참으로 실현되었다. 그리스도는 우리의 구속을 위한 대가를 치르기 위하여 선지자가 말한 대로 자기 생명을 죄를 위한 희생제물로 내어주셨다(사53:10). 그리하여 죄인인 우리가 마땅히 감당해야 할 저주 전체가 그에게 던져졌으며, 더 이상 그것이 우리에게 전가되지 않게 되었다. 사도는 "하나님이 죄를 알지도 못하신 이를 우리를 대신하여 죄로 삼으신 것은 우리로 하여금 그 안에서 하나님의 의가 되게 하려 하심이라"(고후5:21)고 기록하여 동일한 진리를 더욱 분명하게 말한다.

칼뱅의 기독교강요 제4장. <믿음 및 사도신경 해설> 중에서

4과
구원의 여정

우리는 죄의 형벌에서 이미 구원을 받았습니다. 이것을 칭의라고 합니다. 우리는 죄의 권세에서 지금 구원을 받고 있습니다. 이것을 성화라고 합니다. 우리는 죄의 권세에서 완전히 구원을 받을 것입니다. 이것을 영화라고 합니다. 그리고 이와 같은 구원의 과정을 '구원의 여정'이라고 합니다. 구원의 여정은 우리 혼자서 걸어가는 길이 아닙니다. 우리가 구원의 여정을 완주할 수 있도록, 삼위 하나님께서 늘 우리와 함께하십니다.

칭의

하나님은 예수님을 믿는 사람들을 의롭게 여겨주십니다. 이것을 '칭의'라고 합니다. 칭의는 하나님의 법적인 행위입니다. 하나님이 우리의 본성을 실제로 의롭게 만드시는 것이 아니라, 우리가 법적으로 의롭다고 여겨주시는 것입니다. 마치 법원에서 판사가 무죄를 선언하는 것과 같습니다.

하나님이 우리를 의롭게 여겨주시는 이유는, 우리의 행위 때문이 아니라 예수님 때문입니다. 하나님은 예수님을 보시고, 우리를 의롭다고 여겨주십니다롬3:24. 예수님이 우리 대신 십자가에서 죽으셨고, 예수님이 우리 대신 율법에 순종하셨기 때문에 우리를 의롭다고 여겨주십니다.

칭의는 우리의 노력으로 얻어낸 '상'이 아닙니다. 하나님께서 자격 없는 우리에게 주신 '선물'입니다. 그래서 칭의는 취소되지 않습니다. 처음부터 상이 아니라 선물로 주어졌기 때문입니다. "이것은 너희에게서 난 것이 아니요 하나님의 선물이라"엡2:8

양자 됨

예수님을 믿는 자들은 하나님의 자녀입니다. 하나님은 예수님을 믿는 사람들을 양자로 삼으십니다. 양자란, 다른 사람의 자녀를 입양해서 자녀의 특권을 제공하는 것입니다. 하나님의 양자 됨도 마찬가지입니다. 하나님은 우리를 입양하시고 자녀의 특권을 제공하십니다. 하나님의 자녀가 된 자들에게는 다음과 같은 특권이 있습니다.

첫째, 하나님께 담대히 나아갈 수 있습니다. "담대함과 확신을 가지고 하나님께 나아감을 얻느니라"엡3:12. 둘째, 하나님을 아버지라고 부를 수 있습니다. "아빠 아버지라 부르게 하셨느니라"갈4:6. 셋째, 하나님의 보호를 받습니다. "그 자녀들에게 피난처가 있으리라"잠14:26. 넷째, 하나님의 돌보심을 받습니다. "염려하여 이르기를 무엇을 먹을까 무엇을 마실까 무엇을 입을까 하지 말라 이는 다 이방인들이 구하는 것이라 너희 하늘 아버지께서 이 모든 것이 너희에게 있어야 할 줄을 아시느니라"마6:31-32.

성화

하나님은 예수님을 믿는 자들을 거룩하게 하십니다. 칭의가 법적으로 의롭게 하시는 은혜라면, 성화는 실제로 의롭게 하시는 은혜입니다. 성화는 특히 성령님의 역사입니다. 성령님은 우리 마음속에 거하시면서, 우리를 거룩하게 변화시켜 주십니다. 성령님이 우리를 변화시키는 도구는 말씀입니다. 성령님은 우리가 말씀을 이해하게 하시고, 말씀에 순종하게 하심으로써 우리를 거룩하게 하십니다. "그들을 진리로 거룩하게 하옵소서 아버지의 말씀은 진리니이다"_{요17:17}.

우리는 성화를 통해 죄의 권세에서 해방됩니다. 예전에는 죄를 짓는 것이 좋았지만, 이제는 죄를 짓는 것이 부끄럽게 여겨집니다. 예전에는 반복해서 죄를 지었지만, 이제는 죄에서 멀어지게 됩니다. 예전에는 선을 행할 능력이 없었지만, 이제는 선을 행할 능력을 가지게 됩니다. "성령을 따라 행하라 그리하면 육체의 욕심을 이루지 아니하리라"_{갈5:16}

견인

과연 우리가 마지막 날까지 믿음을 지킬 수 있을까요? 천국에서 영원한 즐거움을 누릴 수 있을까요? 많은 사람이 믿음을 지키지 못하고, 구원에서 떨어질까 두려워합니다. 하지만 성경은 다음과 같이 말합니다. "너희는 말세에 나타내기로 예비하신 구원을 얻기 위하여 믿음으로 말미암아 하나님의 능력으로 보호하심을 받았느니라"_{벧전1:5}. 믿음의 싸움은 혼자서 하는 것이 아닙니다. 구원에 이르는 길은 혼자서 걷는 것이 아닙니다. 우리의 구원을 위해 하나님께서 싸우십니다. 우리가 구원의 길을 안전하게 걸어갈 수 있도록 하나님께서 보호하십니다. 이것을 견인이라고 합니다. 견인은 '견고한 인내'의 줄임말입니다. 하나님의 은혜로 인하여 우리는 구원의 날까지 인내할 수 있습니다.

부활과 영화

부활은 모든 사람에게 적용됩니다. 예수님이 재림하시는 날 모든 사람이 부활합니다고전15:51. 하지만 큰 차이가 있습니다. 믿는 사람은 구원을 위해 부활하고, 믿지 않는 사람은 심판을 위해 부활합니다. "선한 일을 행한 자는 생명의 부활로, 악한 일을 행한 자는 심판의 부활로 나오리라"요5:29.

신자는 완전히 거룩한 몸으로 부활합니다. 이것을 영화라고 합니다. 하지만 불신자는 이전과 같은 몸으로 부활하여 영벌을 받습니다. "땅의 티끌 가운데에서 자는 자 중에서 많은 사람이 깨어나 영생을 받는 자도 있겠고 수치를 당하여서 영원히 부끄러움을 당할 자도 있을 것이며 지혜 있는 자는 궁창의 빛과 같이 빛날 것이요 많은 사람을 옳은 데로 돌아오게 한 자는 별과 같이 영원토록 빛나리라"단12:2-3.

1 하나님께서 예수님을 믿는 자들을 의롭게 여겨주시는 것을 ▢▢▢▢ 라고 합니다.

2 하나님의 자녀는 하나님께 ▢▢▢▢ 나아갈 수 있습니다.

3 하나님의 자녀는 하나님을 ▢▢▢▢ 라고 부를 수 있습니다.

4 하나님의 자녀는 하나님의 ▢▢▢▢ 를 받습니다.

5 하나님께서 예수님을 믿는 자들을 실제로 거룩하게 하시는 것을 ▢▢▢▢ 라고 합니다.

6 하나님의 은혜로 구원의 날까지 인내하는 것을 ▢▢▢▢ 이라고 합니다.

7 믿는 사람은 ▢▢▢▢ 을 위해 부활하고, 믿지 않는 사람은 ▢▢▢▢ 을 위해 부활합니다.

8 신자가 완전히 거룩한 몸으로 부활하는 것을 ▢▢▢▢ 라고 합니다.

되새겨보기 정답

1. 칭의

2. 담대히

3. 아버지

4. 보호

5. 성화

6. 견인

7. 구원, 심판

8. 영화

그리스도의 죽음으로 우리의 구원은 완전히 성취되었다. 그리스도의 죽음으로 우리가 하나님과 화해하고, 하나님의 의로운 심판이 충족되며, 저주가 폐기되고, 우리가 감당해야 할 모든 형벌이 청산되었다. 그럼에도 성경은 우리가 산 소망으로 다시 살아난 것이 그리스도의 죽음 때문이 아니라 그리스도의 부활 때문이라고 말한다(벧전1:3). 이 의미는 "예수는 우리가 범죄한 것 때문에 내줌이 되고 또한 우리를 의롭다 하시기 위하여 살아나셨느니라"는 바울의 말로 더 잘 설명된다(롬4:25). 다시 말해, 그리스도의 죽음으로 우리의 죄가 제거되고 그리스도의 부활로 우리의 의로움이 회복되었다는 뜻이다. 그리스도가 죽음에 굴복하셨다면 어떻게 우리를 죽음에서 구원하실 수 있었겠는가? 그리스도가 죽음과의 전쟁에서 패배하셨다면 어떻게 우리에게 승리를 얻어다 주셨겠는가? 우리가 구원의 본질을 그리스도의 죽음과 부활로 구분하는 이유가 여기에 있다. 우리는 그리스도의 죽음을 통해서는 죄가 멸망하고 죽음이 소멸되었다고 말하며, 그리스도의 부활을 통해서는 의로움이 확정되고 생명이 회복되었다고 말한다. 그리스도의 죽음은 그의 부활에 의해서 완전한 효력을 갖는다.

칼뱅의 기독교강요 제4장. <믿음 및 사도신경 해설> 중에서

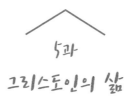

5과
그리스도인의 삶

우리는 예수님을 믿는 신자가 되었고, 하나님의 자녀가 되었으며, 교회의 성도가 되었습니다. 하지만 여전히 우리 안에는 타락한 본성이 있고, 세상의 유혹이 있습니다. 그래서 우리에게는 하나님의 은혜가 필요합니다. 지속해서 은혜를 공급받아야만, 타락한 세상에서 거룩하게 살 수 있습니다. 주일 예배는 하나님께서 우리를 위해 준비하신 은혜의 자리입니다. 우리는 예배의 요소인, 말씀과 기도와 성례를 통해 하나님의 은혜를 흠뻑 누릴 수 있습니다.

교회

세상에는 다양한 교회가 있고, 교회 안에는 다양한 사람들이 있습니다. 그런데 성경은 모든 교회가 '한 몸'이라고 말합니다고전12:13. 교회를 한 몸이라고 말하는 이유는, 다음과 같습니다.

첫째, 교회는 '한 가족'이기 때문입니다. 교회는 하나님을 아버지로 하는 한 가족입니다엡2:19. 둘째, 예수님은 교회의 머리이고, 교회는 예수님의 몸이기 때문입니다엡1:22-23. 교회는 머리이신 예수님을 통해 영적으로 연결된 공동체입니다.

하나님은 교회의 사명을 다음과 같이 말씀하십니다. 첫째, 함께 모여 예배하는 것입니다. "모이기를 폐하는 어떤 사람들의 습관과 같이 하지 말고 오직 권하여 그 날이 가까움을 볼수록 더욱 그리하자"히10:25. 따라서 우리는 공적인 모임에 성실하게 참여해야 합니다. 둘째, 서로 사랑하는 것입니다. "내가 너희를 사랑한 것 같이 너희도 서로 사랑하라"요13:34 따라서 우리는 서로를 위해 기도하고, 사랑으로 권면하며, 연약한 자를 위로하고, 힘든 자를 도와야 합니다.

주일

하나님께서는 칠 일 가운데 하루를 하나님을 위한 날로

지키게 하셨습니다출20:8. 이날을 안식일이라고 합니다. 안식일은 창조 때부터 예수님의 부활까지는 토요일이었으나, 예수님이 부활하신 이후로는 일요일로 바뀌었습니다고전16:1-2. 즉, 구약의 안식일은 토요일이고, 신약의 안식일은 일요일입니다.

왜 안식일이 일요일로 바뀌었을까요? 초대교회 신자들은 일요일을 '주의 날'이라고 불렀습니다계1:10. 그 전통을 따라 우리도 일요일을 '주일'이라고 부릅니다. 일요일을 '주의 날'이라고 부른 이유는, 예수님이 부활하신 날이 일요일이고, 예수님의 부활은 우리의 구원을 상징하는 사건이기 때문입니다. 따라서 일요일을 새로운 안식일로 지킨 것은, 일요일이 구원을 의미하는 날이기 때문입니다. 구약의 안식일이 하나님의 창조를 기념하는 날이라면, 신약의 안식일은 하나님의 창조와 구원을 동시에 기념하는 날입니다.

하나님께서는 안식일을 거룩하게 지키라고 하셨습니다출20:8. 따라서 우리는 주일을 거룩하게 지키기 위해 노력해야 합니다. 주일을 거룩하게 지키는 방법은 다음과 같습니다.

첫째, 주일 하루 동안 거룩한 일을 해야 합니다. 공적인 예배 참석, 기도, 성경 읽기, 신앙 서적 읽기, 가정예배 등으로 시간을 보내야 합니다. 둘째, 주일을 미리 준비해야 합니다. 주일에 거룩한 일을 할 수 있도록, 사적인 일은 토요일까지 마무리해야 합니다. 셋째, 직업으로 일하는 것과 오락은 쉬어야 합니다. 직업으로 일하는 것과 오락은 그 자체로는 무해(無害)한 일입니다. 하지만 주일에는 직업으로의 일과 오락을 쉬는 것이 바람직합니다. 거룩한 일을 하는 데 방해가 될 수 있기 때문입니다_{사58:13-14}. 물론 부득이한 일은 주일에도 할 수 있습니다. 예를 들어 대중교통을 운행하는 일, 환자를 치료하는 일, 나라와 도시를 지키는 일, 화재를 진압하는 일 등입니다.

예배

하나님은 만물의 창조주이자 통치자입니다. 하나님은 우리의 구원자이자 보호자입니다. 따라서 우리는 최선을 다해 하나님을 예배해야 합니다. 예배는 우리의 마땅한 의무입니다.

세상에는 다양한 예배가 있습니다. 여러 종교마다 특별한 의식이 있고, 여러 민족마다 고유한 예배가 있습니다. 그래서 우리는 거짓 예배와 참된 예배를 구별해야 합니다. 우상 숭배자들의 예배와 성경적인 예배를 분별해야 합니다.

거짓 예배에는 다음과 같은 것들이 있습니다. 첫째, 하나님을 형상으로 만들어서 예배하는 것입니다. 우상 숭배자들은 자신들의 신을 형상으로 만들어서 예배합니다. 하지만 하나님을 형상으로 만드는 일은 엄격히 금지되어 있습니다. 하나님은 눈으로 볼 수 없으며, 만물보다 크신 분이기 때문입니다. "하나님을 금이나 은이나 돌에다 사람의 기술과 고안으로 새긴 것들과 같이 여길 것이 아니니라"^{행17:29}

둘째, 미신적으로 예배하는 것입니다. 우상 숭배자들은 신으로부터 무언가를 얻어내기 위해 예배합니다. 바로 이것이 미신적인 예배입니다. 미신적인 예배의 핵심은 하나님을 욕망의 도구로 삼는 것입니다. 하나님을 나의 목적을 이루기 위한 수단으로 여기는 것입니다. 그것은 예배의 본질과는 아무 상관이 없습니다. 성경에서 예배라고 번역되는 헬라어는 '프로스퀴네오'입니다. '엎드려 절하다'라는 뜻입니다. 따라서 예배는 우리를 낮추고 하나님을 높이는 것입니다. 우리의 뜻을 내려놓고 하나님의 뜻을 따르는 것입니다.

참된 예배에는 다음과 같은 것들이 있어야 합니다. 첫째, 기도가 있어야 합니다. "환난 날에 나를 부르라...네가 나를 영화롭게 하리로다"^{시50:15} 기도는 하나님을 의지하는 행위이기에, 하나님을 영화롭게 합니다. 둘째, 설교가 있어야 합니다. "내가 너희에게 분부한 모든 것을 가르쳐 지키게 하라"^마_{28:20} 설교는 하나님의 말씀을 듣고 지키는 데 필수적인 사역입니다. 셋째, 찬송이 있어야 합니다. "이에 그들이 찬미하고 감람 산으로 나아가니라"_{마26:30}. 예수님과 제자들도 하나님을 찬송했습니다. 넷째, 헌금이 있어야 합니다. "각각 그 마음에 정한 대로 할 것이요 인색함으로나 억지로 하지 말지니 하나님은 즐겨 내는 자를 사랑하시느니라"_{고후9:7} 하나님께 헌금하는 것은, 돈보다 하나님을 사랑한다는 신앙고백입니다.

은혜의 방편: 말씀, 성례, 기도

참된 신자는 구원을 잃지 않습니다. 참된 신자는 견인합니다. 하지만 참된 신자라도 부패하고 타락할 수 있습니다. 완전히 죽어 시체가 되지는 않을지라도, 거의 죽은 것처럼 될 수 있습니다. 그것은 부끄러운 일이고 비참한 일입니다. 그래서 우리는 은혜를 받기 위해 노력해야 합니다. 은혜 안에서 자라나야 합니다. "예수 그리스도의 은혜와 그를 아는 지식에서 자라 가라"_{벧후3:18}.

하나님께서 우리에게 은혜를 주시는 일반적인 방법은 세 가지입니다. 첫째, 말씀입니다. 하나님은 성경을 평생 곁에 두고 읽으라고 하셨고_{신17:19}, 성경을 읽을 때 온전한 사람이

된다고 하셨습니다. "이는 하나님의 사람으로 온전하게 하며"딤후3:17.

둘째, 성례입니다. 성례에는 성찬과 세례가 있습니다. 성찬과 세례는 우리가 받은 은혜를 눈으로 보여주는, '보이는 말씀'입니다. 성례에 참여하는 자들은 보이는 말씀에서 은혜를 받아 영적으로 성장하게 됩니다.

세례는 물을 사용하는 성례입니다. 세례의 물은 예수님의 피를 상징합니다. 세례는 물이 몸을 깨끗하게 하듯이, 예수님의 피가 우리를 죄에서 깨끗하게 했음을 나타냅니다. 세례는 한 사람을 교회에 엄숙히 받아들이는 의식이며, 앞으로 새로운 삶을 살겠다고 거룩하게 서원하는 의식입니다.

성찬은 빵과 포도주를 사용하는 성례입니다. 성찬의 빵은 십자가에서 찢어진 예수님의 살을 상징하고, 성찬의 포도주는 십자가에서 흘리신 예수님의 피를 상징합니다. 예수님이 우리를 위해 십자가에서 죽으신 것을 굳게 믿는 자들은, 성찬을 통해 하나님께서 주시는 은혜를 풍성히 누릴 수 있습니다.

셋째, 기도입니다. 예수님은 우리가 기도하지 않기 때문에 시험에 빠진다고 하셨습니다. "시험에 들지 않게 깨어 기도하라 마음에는 원이로되 육신이 약하도다"_{마26:41}. 우리는 기도를 통해 시험을 이기는 성숙한 사람이 될 수 있습니다.

되새겨보기 ────────────

1 교회는 하나님을 아버지로 하는 [ ] 입니다^{엡2:19}.

2 교회의 사명은 함께 모여 [ ] 하는 것과, 서로 [ ] 하는 것입니다.

3 구약의 안식일이 하나님의 [ ] 를 기념하는 날이라면, 신약의 안식일은 하나님의 [ ] 와 [ ] 을 동시에 기념하는 날입니다.

4 거짓예배의 특징은 하나님을 [ ] 으로 만들어서 예배하는 것과, 하나님을 [ ] 으로 예배하는 것입니다.

5 참된 예배에는 [ ] 와 [ ] 와 [ ] 와 [ ] 이 있어야 합니다.

6 하나님께서 우리에게 은혜를 주시는 일반적인 방법은 [ ] 과 [ ] 와 [ ] 입니다.

되새겨보기 정답

1. 한 가족

2. 예배, 사랑

3. 창조, 창조, 구원

4. 형상, 미신적

5. 기도, 설교, 찬송, 헌금

6. 말씀, 성례, 기도

이제 교회를 믿는다는 것이 우리에게 얼마나 필요한지 명백하게 드러난다. 우리가 불멸의 생명으로 거듭나기 위해서는 마치 어머니가 자기 아이를 잉태하듯이 교회가 우리를 잉태해야 하고, 우리가 보전되기 위해서는 교회가 그 품 안에서 우리를 양육하고 부양해야 하기 때문이다. 교회는 우리 주님이 은혜의 모든 보화를 위탁하시고 관리하며 분배하게 하신 우리 모두의 어머니다. 따라서 우리가 하나님 나라에 들어가길 원한다면, 믿음으로 교회를 인정해야 한다. (중략) 우리가 교회의 지체들과 더불어 우리의 머리이신 그리스도에게 붙어 있지 않으면, 하늘의 유업에 대한 어떤 소망도 가질 수 없다. 성경은 교회의 연합과 상관없는 구원은 결코 존재하지 않는다고 말하기 때문이다.

칼뱅의 기독교강요 제4장. <믿음 및 사도신경 해설> 중에서